QUESTIONS COLONIALES

es groupements de Colonies

A PROPOS

Du projet de rattachement à Madagascar

DES ILES DES COMORES ET DE LA RÉUNION

Par C. HACHEDÉ

PARIS

CHARLES-LAVAUZELLE

Éditeur militaire

Danton, Boulevard Saint-Germain, 118

(MÊME MAISON A LIMOGES)

DES GROUPEMENTS DE COLONIES

QUESTIONS COLONIALES

Des groupements de Colonies

A PROPOS

Du projet de rattachement à Madagascar

DES ILES DES COMORES ET DE LA RÉUNION

Par C. HACHEDÉ

PARIS

Henri CHARLES-LAVAUZELLE

Éditeur militaire

10, Rue Danton, Boulevard Saint-Germain, 118

(MÊME MAISON A LIMOGES)

DES GROUPEMENTS DE COLONIES

Dans un excellent discours prononcé le 19 novembre 1907 à la Chambre des députés, M. Joseph Chailley disait : « Il y a très peu de problèmes communs à toutes les colonies. Chaque colonie comporte des espèces différentes. Les colonies veulent être traitées chacune suivant son mérite, son origine, sa latitude, la qualité de ses populations. *Chaque groupe homogène réclame un gouvernement à part* et, à Paris, des directeurs spéciaux. »

Il y a cent soixante ans, Montesquieu exprimait à peu près la même pensée dans son immortel ouvrage, *l'Esprit des lois* : « Le gouvernement le plus conforme à la nature, écrivait-il, est celui dont la disposition particulière se rapporte le mieux à la disposition du peuple pour lequel il est établi. Les lois doivent être tellement propres au peuple pour lequel elles sont faites, que c'est un très grand

hasard si celles d'une nation peuvent conve-
nir à une autre. Elles doivent être relatives
au physique du pays, au climat, à la qualité
du terrain, à sa situation, à sa grandeur, au
genre de vie des peuples ; elles doivent se
rapporter au degré de liberté que la constitu-
tion peut souffrir, à la religion des habitants,
à leurs inclinations, à leurs richesses, à leur
nombre, à leur commerce, à leurs mœurs, à
leurs manières. »

C'est, malheureusement, au mépris de ces
principes et sans aucun souci du sentiment
des populations intéressées que M. Augagneur, gouverneur général de Madagascar, a
conçu le projet de rattacher à son gouvernement l'archipel des Comores et la vieille colonie de la Réunion. Il n'existe pas la moindre
ressemblance ni aucune communauté d'intérêts entre ces îles et Madagascar. Tout paraît,
au contraire, les séparer.

En ce qui concerne l'archipel des Comores,
situé au milieu du canal de Mozambique, les
quatre îles qui le composent, Mayotte, la
Grande-Comore, Anjouan et Mohéli, ne se
rattachent par aucun lien à Madagascar ; toutes leurs relations les portent de l'autre côté
du canal, vers Zanzibar et Mozambique. Leurs
populations sont d'origine arabe et africaine ;
les Malgaches s'y comptent à peine dans la
proportion de 5 p. 100 ; leur religion est le

mahométisme, ce qui n'est pas le cas pour Madagascar ; les mœurs et les coutumes sont toutes différentes de celles des Malgaches ; enfin, dans tout l'archipel, on parle et on écrit le souahéli, dialecte arabe qui n'a aucun rapport avec la langue malgache.

En ce qui touche la Réunion, le projet de son rattachement à Madagascar est moins défendable encore. Il a soulevé les protestations les plus vives de la part de nos compatriotes réunionnais, ainsi que de toute l'administration et de tous les corps élus de la colonie : conseil général, conseils municipaux, chambre de commerce, chambre d'agriculture, etc. En France même, il a soulevé des protestations identiques dans les divers milieux où la question a été agitée.

« Ce serait, a-t-on dit, une *monstruosité*, un *crime de lèse-civilisation* : on peut concevoir, en effet, le rattachement d'une île sauvage à une île civilisée ; mais a-t-on jamais placé une île civilisée sous la dépendance d'un pays sauvage ?

» Qu'on annexe, a dit un humoriste, non pas la Réunion à Madagascar, mais Madagascar à la Réunion. » Et un autre humoriste d'ajouter que l'on pourrait tout aussi bien, et tout aussi logiquement, satisfaire la mégalomanie de l'ex-député de Lyon en plaçant sous son autorité Lyon avec Madagascar.

M. le gouverneur général Augagneur a pu constater d'ailleurs qu'il avait une mauvaise presse. Il ne s'en est pas moins obstiné à vouloir augmenter sa vice-royauté de l'océan Indien. La principale raïson invoquée en faveur de son projet était celle des économies qu'il ferait réaliser. Il n'a pas été difficile de démontrer combien cette raison était peu sérieuse. Tous les hommes au courant des choses coloniales savent bien que chaque création de gouvernement général aux colonies a toujours eu pour conséquence une recrudescence de fonctionnarisme et, par conséquent, une augmentation de dépenses. La seule organisation des bureaux qui seraient chargés de centraliser à Tananarive les affaires de la Réunion, d'une part, et celles des Comores, de l'autre, entraînerait une dépense supérieure à toutes les économies signalées par M. Augagneur dans son rapport.

Il ne semble pas d'ailleurs, à la lecture de ce rapport, que son rédacteur se soit douté des objections de principe qui se dresseraient devant son projet de réunir, sous une même administration, deux colonies d'organisation absolument différente. La Réunion, en effet, est régie par les sénatus-consultes et par la loi, tandis que Madagascar est sous le régime des décrets. Aux termes du sénatus-consulte du 3 mai 1854, c'est sous l'autorité *directe* du Ministre des colonies qu'est placé le gouverneur de la Réunion ; si l'on veut changer cela, il faudra une loi, un simple décret ne suffira pas. De même, c'est par une loi qu'il faudra modifier l'organisation judiciaire de cette vieille colonie, puisque le service de la justice, à la Réunion comme aux Antilles, a été organisé par la loi.

Et puis, la Réunion est pourvue des institutions politiques et administratives de la métropole : suffrage universel, représentation au Sénat et la Chambre des députés, conseil général, conseils municipaux, application intégrale de la loi de 1884 sur l'organisation municipale. Rien de tout cela n'existe pour Madagascar. A un autre point de vue et sans insister sur les différences ethniques, il suffit de rappeler qu'à la Réunion la question indigène ne se pose pas, tandis qu'à Madagascar, au contraire, cette question est d'importance capitale et exige toute l'attention des pouvoirs publics. Où trouver, dans ces conditions, l'homogénéité d'organisation et la communauté d'intérêts capables de justifier une administration commune ?

Les objections contre une administration commune des deux îles sont si nombreuses et les motifs invoqués en sa faveur paraissent si peu plausibles qu'on est forcé de rechercher les raisons secrètes qui ont inspiré le projet de rattachement. A son débarquement à Madagascar, M. Augagneur y a trouvé une situation obérée et des plus embrouillées. Le *bluff* avait fleuri là-bas dans toute son ampleur : pour joindre les deux bouts d'un budget gonflé outre mesure, l'Administration avait surchargé d'impôts la population et épuisé les forces contributives des indigènes. Le nouveau gouverneur général, se posant en réformateur et décidé à ne pas suivre les errements de son prédécesseur, se mit résolument à réaliser des économies. De là des suppressions d'emplois, des réductions de traitements, et diminutions des avantages pécuniaires, indemnités diverses et suppléments de solde précédemment consentis aux fonctionnaires. Mais ceux-ci, qui se voyaient ainsi réduits dans leurs émoluments, ne tardaient pas à constater que le gouverneur général, rognant sur tout autour de lui, s'était bien gardé de diminuer d'un centime son énorme traitement de 100.000 francs. De sourdes récriminations se produisirent, et M. Augagneur a dû sentir la justesse de ces reproches ; aussi est-ce pour y répondre indirectement et essayer de se justifier qu'il a songé à agrandir son gouvernement général.

Il n'a pas été non plus sans savoir qu'à

Paris, dans certain milieu parlementaire, on était d'avis que la colonie de Madagascar, vu l'état précaire de son budget, ne pouvait supporter les dépenses élevées afférentes à la solde d'un gouverneur général, et que le poste ne pouvait être maintenu qu'à la condition de réunir sous la même autorité toutes nos possessions de l'océan Indien. Le gouvernement général était donc mis en face de ce dilemme : s'agrandir ou ne plus être. M. Augagneur n'hésita pas, il décida de s'agrandir.

Telles sont les raisons plus ou moins secrètes qui ont fait éclore le projet de rattachement de la Réunion à Madagascar. Il y en a encore une autre : beaucoup de Réunionnais, on le sait, sont allés coloniser la grande île ; or, ces colons n'ont-ils pas eu l'audace de se considérer là-bas comme des citoyens français, non assimilables aux indigènes et non taillables et corvéables à merci ? N'ont-ils pas eu l'audace de se réclamer de la représentation coloniale de la Réunion ? On espérait que ces fortes têtes se montreraient moins indépendantes quand leur île natale serait devenue elle-même une simple dépendance de Madagascar.

Quant aux arguments produits ouvertement dans le rapport Augagneur, ils ont été victorieusement réfutés dans les nombreuses protestations rédigées tant dans la colonie elle-même que par les Réunionnais de Paris. Cette réfutation a été faite notamment, avec une grande précision, par M. le Dr Archambeaud, député de la Réunion. Au cours d'une séance du groupe d'études coloniales de l'*Energie française*, tenue le 27 novembre 1907, le Dr Archambeaud a démontré que le rattachement n'apporterait aucun avantage ni à Madagascar, ni à la Réunion ; qu'en considérant les rapports commerciaux entre les deux pays, on voit que le commerce de Madagascar, avec les colonies voisines, se réduit à l'exportation de ses bœufs, qui date d'une époque bien antérieure à la conquête, qui n'a pas augmenté depuis et qui n'augmentera pas davantage après l'annexion projetée. D'autre part, Madagascar est un pays de riz. Au moment de la conquête, la Réunion avait l'espoir de voir se passer entre les deux colonies françaises ce qui se passe pour Maurice et l'Inde, l'un envoyant à l'autre ses sucres en échange des céréales.

« Cet espoir ne s'est pas réalisé. La population restreinte de Madagascar, qui n'a que 3 millions d'habitants pour un pays plus grand que la France, ne lui permettra, de longtemps encore, que de produire pour sa consommation. Et je ne sais si Madagascar ne sera pas encore tributaire de l'Inde ou de l'Indo-Chine dans les mauvaises années. De là à exporter le trop de la production sur les colonies voisines, il n'y faut pas encore compter. »

M. le Dr Archambeaud, mettant alors en parallèle la situation financière et économique des deux colonies, qu'on veut rapprocher et confondre par l'annexion, montre les graves inconvénients qui en résulteraient pour la Réunion.

« Madagascar, colonie française toute récente, s'est déjà chargé d'une dette de 105 millions, pour laquelle il inscrit chaque année à son budget encore restreint 4 millions, soit le cinquième de ce budget. Son outillage économique, malgré cette lourde dépense, est encore presque nul. Il lui manque des routes; son chemin de fer est encore inachevé de Tananarive à Tamatave, et c'est sa seule voie ferrée. Pas d'industries importantes, sauf celle de l'exploitation de l'or, qui n'a pas encore donné ce qu'on en escomptait. Sa population restreinte gênera évidemment sa mise en valeur.

» En face de Madagascar, à 200 kilomètres de distance, se dresse notre petite île de la Réunion, qui traverse évidemment depuis 1900 une crise terrible. Deux cyclones successifs l'ont dévastée. La loi de finances de 1900 lui a imposé une charge de un millier. Mais cette petite colonie est dotée d'un outillage économique complet. Elle possède des sucreries, distilleries, féculeries. Toutes sortes de cultures peuvent y être faites. Sa population, quoi qu'on dise, est laborieuse et s'efforce de revenir à flot. Elle y parviendra. Enfin la Réunion n'a pas de dettes, sauf une subvention de 160.000 francs faite au chemin de fer et une annuité de 100.000 francs versée à la Banque pour trois ans encore..... Vous devez bien vous attendre à voir cette petite colonie s'effrayer de voir sa destinée se confondre avec celle de la grande colonie voisine, dont la situation est déjà si obérée et dont l'avenir est si incertain.

» ... Personne ne nie qu'il faille faire des économies au budget de la Réunion; mais ce que la colonie déclare, c'est qu'elle n'a pas besoin de cette annexion pour entrer dans cette voie. Depuis 1900, un million d'économies ont pu être déjà réalisées par le conseil général. Celui-ci continuera à en faire d'autres, mais d'une façon prudente, progressive, de façon à ne pas blesser les droits acquis ni désorganiser les services. Et c'est parce que ces économies doivent être faites avec beaucoup de délicatesse qu'il est nécessaire qu'elles soient faites sur place même, par une administration propre au pays qui en connaît tous les besoins, et non pas à distance, par l'ordre d'un gouvernement général qui ne manquera pas d'imposer à son subordonné ses idées et ses vues, dans des questions qu'il ignore complètement. Là est le danger. »

Et M. le député Archambeaud, continuant sa démonstration ajoute : « Je connais un fonctionnaire des colonies, qui occupe une grande situation et qui a l'expérience de toutes nos colonies, qui déclarait que le groupement des colonies est une des conceptions les plus fausses et les plus néfastes de nos gouvernants actuels en matière coloniale. On ne craint pas d'ajouter qu'il semble avoir été imaginé pour justifier la création de très lucratifs emplois de gouverneurs généraux au profit de certains personnages remuants, exigeants, et doués d'un gros appétit. On regrettera un jour cette erreur, quand il n'en sera plus temps. Voilà la Cochinchine qui se plaint et souffre de voir ses ressources disséminées dans le budget de l'Union indo-chinoise. C'est ce que redoutent les colonies des Antilles, Guadeloupe, Martinique et Guyane. Et chacune d'elles craint de se voir sacrifiée à l'autre plus favorisée, qui serait le centre du gouvernement général. Cela est fatal. Et pourtant voilà des colonies qui ont la même population, la même législation et qui devraient se prêter à un essai de gouvernement général. Elles n'en veulent à aucun prix. »

M. Archambeaud rappelle alors les différences de toutes sortes qui séparent la Réunion
de Madagascar, puis il termine ainsi : « Enfin,
il y a une dernière considération, qui a son
importance, il me semble, elle est d'ordre
sentimental. Il faut bien que l'on sache que
ce projet est un véritable danger, parce qu'il
froisse une population française, qui a donné
en 1870 la preuve de son attachement à la
mère-patrie en envoyant ses enfants combattre
pour la France, et en aidant par des souscrip-
tions à la libération du territoire de la mère-
patrie. Et plus récemment, c'est elle-même
qui a tant contribué à ajouter Madagascar à la
carte de la France par le zèle, la vigilance de
ses représentants, et aussi par le sang de ses
volontaires.

» C'est cette colonie, c'est cette population
qu'on veut aujourd'hui subordonner à Madagascar. Je ne connais rien de plus grave. Et je
ne sais ce qui adviendra là-bas le jour où la
population, déjà exaspérée par les bruits ten-
dancieux qui circulent, apprendra l'annexion
contre laquelle elle proteste si énergique-
ment. Vous avez déjà vu ce qui s'y est passé,
il y a peu de temps. A la suite d'un câblo-
gramme lancé sur la colonie par des intéressés, tous les membres des corps élus de l'île,
conseil général, conseils municipaux, chambre d'agriculture et chambre de commerce, se

sont rassemblés en toute hâte pour protester. La population s'est rassemblée sous les fenêtres du gouverneur. De là à l'émeute il n'y avait qu'un pas. Il appartient au gouvernement d'éviter une mesure qui amènera les plus redoutables conséquences. »

A la suite de cet exposé de M. le député Archambeaud, et après des observations très intéressantes de MM. Raphaël Blanchard, professeur à la Faculté de médecine ; Henri Mager, membre du conseil supérieur des colonies, et du président Francis Mury, qui fit connaître les protestations qu'il avait reçues des colons des Comores contre le projet Augagneur, le groupe colonial de l'*Energie française* adopta à l'unanimité la remarquable motion suivante, qui fut transmise au Ministre des colonies :

Le groupe colonial de l'*Energie française*, dans sa séance du 27 novembre 1907, considérant que les avantages résultant de l'organisation des gouvernements généraux sont des plus détestables ; considérant que ce mode d'administration des colonies a surtout pour effet de mettre entre les mains d'hommes politiques sans expérience de grandes colonies qui souffrent de cette situation ;

Estime qu'il n'y a pas lieu de créer de nouveaux gouvernements généraux, ni d'augmenter l'importance géographique de ceux qui existent déjà;

S'élève contre le rattachement à Madagascar de l'île de la Réunion, que rien ne justifie et que tout condamne;

Demande enfin que les Comores continuent à former un gouvernement autonome, mesure qui, seule, peut empêcher la population de ces îles d'être absorbée par Madagascar.

En dépit du *tolle* général soulevé par son projet, M. Augagneur s'obstina toujours à le défendre, et, le 3 décembre 1907, il réussissait à se faire admettre au sein du Conseil des Ministres, où il a exposé son plan d'organisation du gouvernement général de l'Afrique-Orientale française. Il paraît que le Conseil n'a pas été convaincu ; dans tous les cas, il né prit aucune décision.

La veille, d'ailleurs, dans une conférence provoquée par le syndicat de la presse colonialo, les Réunionnais de Paris avaient rédigé une dernière protestation contre le projet Augagneur et l'avaient adressée par le télégraphe au président du Conseil et au Ministre des colonies.

En terminant, voici dans quels termes un journal parisien résumait la question : « M. Augagneur, gouverneur général de Madagascar, veut agrandir son « empire » ; il

demande au Ministre de bien vouloir rattacher la Réunion à son gouvernement.

» Aussi la colère est-elle grande, à la Réunion, contre l'ancien député de Lyon. Les
corps élus protestent avec unanimité contre
l'idée grotesque d'asservir à une possession
peuplée de Hovas à demi sauvages une colonie qui compte trois siècles de civilisation
française, qui a fourni à la France, depuis
plus d'un siècle, un grand nombre d'hommes de valeur, depuis les poètes Parny et
Bertin jusqu'à Leconte de Lisle, Edouard
Hervé, Lacaussade, Léon Dierx, et tant d'autres écrivains dont on ignore, dans beaucoup
de milieux, que ce sont des coloniaux, tant
leur mentalité, tant leur écriture est de
France.

» La Réunion n'a pas mérité l'injure d'être
rattachée à Madagascar; on doit lui laisser
son originalité propre. »

C'est le parti auquel le gouvernement s'est
définitivement arrêté, malgré les efforts et
l'insistance de M. Augagneur. Celui-ci est
donc reparti pour Tananarive le 10 janvier
1908, sans avoir pu obtenir le rattachement
de la Réunion à son gouvernement général;
mais il a emporté, dit-on, la promesse de la
prochaine création, à son profit, d'un gouvernement général de l'Afrique - Orientale,
comprenant Madagascar, Nossi-Bé, Mayotte,

Anjouan, Mohéli, la Grande-Comore et les îles Glorieuses.

La Réunion l'a échappé belle ; mais il faut plaindre sincèrement les pauvres îles de l'archipel des Comores : leur situation n'était déjà point brillante ; leur annexion à la grande île de Madagascar consommera leur ruine.

× ×

Puisque le projet Augagneur a remis sur le tapis la question des gouvernements généraux, il ne sera pas sans intérêt de rapporter ici un certain nombre de faits avérés, indiscutables, mais cependant mal connus, qui montreront les résultats plutôt lamentables obtenus jusqu'à ce jour avec ce mode d'administration des colonies. On pourra ainsi se convaincre que le groupement sous la même autorité de plusieurs de nos possessions, avec un budget des dépenses dites d'intérêt général à la charge de toutes les unités du groupe, est une conception détestable qui a toujours été à l'encontre des intérêts de la majorité des colonies groupées.

Qu'il s'agisse soit des anciens groupements appelés Sénégal et dépendances, ou Mayotte et dépendances, soit des gouvernements généraux actuels de l'Indo-Chine ou de l'Afrique-

Occidentale française, soit enfin de la réunion, sous l'autorité du commissaire général du Congo, des possessions françaises de l'Afrique équatoriale, on verra que chacune de ces organisations n'a jamais été autre chose qu'une association léonine, où le rôle du lion était tenu, naturellement, par la colonie choisie pour être le centre du gouvernement général. C'est, en effet, vers cette colonie que convergent tous les avantages de l'association, c'est à son profit que s'exécutent presque tous les travaux d'amélioration, que se réalisent à peu près tous les progrès et les accroissements de production, que s'effectuent enfin toutes les dépenses de luxe payées sur le budget commun du groupe. Il faut, en effet, admettre — et cela ne semble pas douteux, car cela est trop humain, — que la présence du gouverneur général doit être, pour la colonie où il réside, la source d'avantages de toutes sortes et que, en particulier, elle est éminemment favorable au développement des progrès commerciaux, industriels, agricoles et autres. Par contre, l'éloignement du grand chef des colonies subordonnées a, pour celles-ci, l'inconvénient certain de rendre à peu près impossibles les améliorations de tous genres qu'un administrateur en sous-ordre ne peut se permettre de réaliser, de même qu'il ne peut pas davantage employer des crédits à des travaux, à des dépenses dont la convenance, presque la nécessité, se présente à chaque instant, mais dont le gouverneur général éloigné ne peut apprécier les circonstances, même impérieuses. Il n'y a donc aucune exagération à accuser les gouverneurs généraux d'être, par leur éloignement, l'une des causes de la décadence et de la ruine des colonies qu'un sort mauvais a rattachées à leur gouvernement général.

Tout cela doit se comprendre sans avoir besoin d'être démontré. Comment s'expliquer alors qu'on ait songé et qu'on songe encore à créer de ces associations léonines au détriment de tant de nos colonies? On n'en peut trouver qu'une explication, c'est que les gouvernements généraux n'ont été imaginés que dans l'intérêt des personnes. Il suffit de remarquer que les titulaires de ces emplois lucratifs sont rarement de la carrière, et qu'on les choisit d'ordinaire parmi les hommes politiques en vedette.

Mais comment s'expliquer encore que d'autres hommes politiques et tant de journaux approuvent, recommandent et préconisent ce mode si manifestement mauvais d'administration coloniale? C'est que, eux aussi, ils y trouvent leur compte: toute organisation de gouvernement général est, en effet, suivie de l'émission d'un emprunt de beaucoup de millions, c'est-à-dire que le Pactole coulera bientôt, dont quelques gouttes viendront arroser les concours utiles et les apologistes du nouveau vice-roi.

Il est encore une catégorie de thuriféraires des gouvernements généraux ou, plus exactement, des gouverneurs généraux. Elle comprend ceux qui ont dans l'administration coloniale des fils, des gendres ou des neveux. Comme ces jeunes fonctionnaires désirent de l'avancement, des décorations et de bons emplois, il faut bien que les pères et les oncles leur acquièrent des « titres exceptionnels » à ces faveurs; il faut donc, pour cela, prôner celui qui est là-bas le dispensateur de toutes ces faveurs.

On trouve bien dans le nombre quelques partisans sincères et désintéressés des groupements de colonies. L'union, disent-ils, fait la force : pour se procurer de gros crédits capables de développer les affaires, de créer des ports, des routes, des chemins de fer; pour se doter enfin de tout un outillage considérable et coûteux, il est utile que les colonies s'associent et mettent en commun leurs ressources en vue de gager les gros emprunts nécessaires. Non, une telle association n'est nullement utile. Demandez, par exemple, à ceux qui connaissent nos jeunes colonies de la Guinée, de la Côte d'Ivoire et du Dahomey, dont les ressources budgétaires s'accroissaient dès le début dans une progression quasi-arithmétique ; demandez-leur si ces colonies avaient besoin, pour trouver le crédit nécessaire à la construction de leurs chemins de fer et à l'achèvement de leur outillage, d'être rattachées financièrement au gouvernement général de l'Afrique-Occidentale française. Tous les coloniaux un peu renseignés vous répondront que ces jeunes et vivaces colonies n'ont eu qu'à souffrir de ce néfaste rattachement, sans lequel elles auraient tout aussi bien trouvé le crédit qu'elles auraient voulu, et seraient aujourd'hui mieux outillées et en mesure de réaliser leurs travaux bien plus vite et bien plus économiquement.

Passons maintenant à l'examen des faits, qui montreront mieux que tout raisonnement combien chaque groupement de colonies n'a été le plus souvent qu'une occasion de gaspillage et s'est surtout traduit par un manque absolu d'équité dans la répartition, entre les colonies associées, des avantages de l'association. On verra, par ces exemples, qu'avec ce mode d'administration coloniale on revient toujours à la fable de la génisse, de la chèvre et de la brebis en société avec le lion.

Ancien groupe du Sénégal et dépendances.

Avant 1889, le territoire des Rivières-du-Sud, situé entre la Guinée portugaise et la colonie anglaise de Sierra-Leone, était rattaché administrativement et financièrement au Sénégal, dont il formait une dépendance. Un décret du 1er août 1889 l'en détacha pour le constituer en colonie autonome sous le nom de Guinée française. Jusque-là ce malheureux pays n'avait fait que fournir chaque année 200.000 ou 300.000 francs au budget local du Sénégal, et de ces sommes rien ou presque rien n'était employé à son profit. Aussi végétait-il misérablement, sans travaux publics d'aucune sorte, sans routes, sans ports, sans écoles. Mais, depuis l'autonomie, quel magnifique réveil et quelle métamorphose! Les tristes Rivières-du-Sud sont devenues la superbe colonie de la Guinée française, riche entre les plus riches, et dont la jeune capitale Conakry a pu déjà, par l'activité étonnante de son commerce, mettre en sérieux échec le port anglais voisin de Freetown (Sierra-Leone).

Il en eût été sans donte de même de la Cazamance, si elle avait été constituée en colonie distincte et indépendante. Pour quelles raisons la mesure si heureuse et si opportunément prise en 1889, au profit des Rivières-du-Sud, n'a-t-elle pas été étendue à cette autre dépendance du Sénégal, à la Cazamance, qui cependant se trouvait, elle aussi, séparée géographiquement du Sénégal, puisqu'elle est située entre la Gambie anglaise au nord et la Guinée portugaise au sud? Nul n'a pu nous le dire. Le fait n'en est pas moins regrettable, car nous compterions certainement aujourd'hui, à la côte occidentale d'Afrique, une belle colonie de plus. Dans tous les cas, il y a là une faute à réparer : jusques à quand, en effet, cette pauvre Cazamance continuera-t-elle, comme dépendance sacrifiée du Sénégal, à se morfondre dans la gêne et le marasme, sans commerce sérieux, sans travaux d'intérêt public, sans écoles, sans routes de pénétration vers l'intérieur, sans communications, pour ainsi dire, avec l'extérieur? Pense-t-on que les douaniers, dont les ports de Carabane, de Zighinchor et de Sédhiou sont généreusement pourvus, soient une compensation suffisante à ce défaut absolu d'outillage économique?

En 1903, l'unanimité des commerçants de la Cazamance avait adressé à M. Etienne, vice-président de la Chambre des députés et président du groupe colonial, une pétition pour réclamer leur autonomie : « Nos recettes douanières, disaient-ils, se sont chiffrées en 1902 par 1.864.694 francs et n'ont servi qu'à alimenter le budget du Sénégal. Pendant ce temps l'embouchure de la Cazamance n'est pas balisée ; les bateaux échouent ou ne peuvent entrer ; le phare de Carabane n'est plus qu'une lampe fumeuse ; la Haute-Rivière, faute de travaux élémentaires, est à peine navigable. Pour couronner l'œuvre, nous ne recevons ni nos lettres, ni nos marchandises.

» Nos luttes ardentes pour triompher de deux colonies rivales qui nous enclavent, nos capitaux engagés, le sacrifice de précieuses existences compromises ou perdues, sont-ils donc des arguments sans valeur ? L'étude de nos desiderata devrait intéresser davantage nos gouverneurs. Nos obscurs sacrifices, nos nobles et constants efforts commerciaux méritent plus de sollicitude... »

Cette touchante pétition est demeurée malheureusement sans effet. La pauvre Cazamance gémit toujours sous le joug et n'a point cessé d'être la dépendance sacrifiée du Sénégal.

Quant au Soudan français, que de temps l'on a mis à s'apercevoir que son rattachement au Sénégal avait entravé et arrêté l'essor de ce pays ! Enfin, par un décret du 18 août 1890, on se décida à régler son organisation administrative et à lui donner son autonomie financière en lui créant un budget local spécial, distinct de celui du Sénégal. Mais, moins de cinq ans après, par un fâcheux retour en arrière, le décret du 16 juin 1895, instituant un gouvernement général de l'Afrique-Occidentale française, vint replacer le Soudan sous la haute direction politique et militaire du gouverneur général résidant à Saint-Louis, et c'est à Saint-Louis alors que dut être centralisée toute la correspondance du Soudan avec le Ministre des colonies.

C'est en vain que le nouveau décret avait rappelé que le Soudan gardait son autonomie administrative et financière. Le gouverneur général interprétait le décret comme il lui plaisait, et l'on verra par les exemples suivants combien le Sénégal a abusé de la situation et combien sa tutelle a été dure et onéreuse pour la colonie naissante du Soudan.

Ainsi, sur les droits de douane frappant les marchandises destinées au Soudan, le Sénégal prélevait chaque année près de 300.000 francs, sous prétexte que ces marchandises transitaient sur son territoire! Que dirait-on si la France émettait la prétention de se faire payer par la Bavière ou par la Suisse une part des droits affectant les marchandises débarquées à Marseille, à Bordeaux ou au Havre à destination de la Suisse ou de la Bavière?

Eh bien ! ce prélèvement d'impôts que nous n'avons pas le droit de faire subir aux pays limitrophes, pourquoi a-t-il été permis à une colonie française de l'imposer à une autre colonie française ? Une pareille iniquité n'a pu se perpétrer que parce que l'administration du Soudan était subordonnée à celle du Sénégal.

Voici un autre exemple non moins étrange du despotisme injustifiable exercé par le Sénégal à l'égard du Soudan. Chaque année, le lieutenant-gouverneur de cette dernière colonie inscrivait, au projet de budget du service local, un crédit pour la création d'une imprimerie à Kayes ; mais chaque année le gouverneur général à Saint-Louis, avant de transmettre au Ministre ce projet de budget, s'empressait de biffer ledit crédit, sous prétexte de conserver la clientèle du Soudan à l'imprimerie officielle du Sénégal. Or, cette imprimerie de Saint-Louis, mal installée, médiocrement outillée, était incapable de suffire à sa tâche ; les impressions réclamées par l'administration du Soudan y restaient en souffrance, non pas des semaines, mais des mois entiers, à telles enseignes qu'on se trouvait à Kayes plus vite servi en adressant directement en France les commandes d'imprimés. Et le plus déplorable résultat de cet état de choses était que l'administration du

Soudan se voyait forcée de remplacer par des écrivains chèrement payés la machine à imprimer qui lui manquait; c'est-à-dire qu'il lui fallait affecter, au grand préjudice des finances locales, une armée d'employés à la copie des budgets, des comptes, des imprimés de bureau, ainsi que des nombreuses circulaires et instructions qu'elle devait adresser dans les postes de l'intérieur. Sous prétexte de procurer quelques milliers de francs au Sénégal, au titre « Recettes de l'imprimerie du gouvernement », on sacrifiait donc les intérêts du Soudan, on y paralysait tous les services et on obligeait la colonie naissante à entretenir à grands frais un nombreux personnel absurdement employé à des copies manuscrites, à des travaux inintelligents, qui partout ailleurs sont exécutés avec économie et rapidité par des machines !

Voilà les avantages du rattachement ! Et qu'on ne dise pas que ces faits constituent des exceptions : les mêmes causes produisent les mêmes effets, et ce qui se passa entre le Sénégal et le Soudan s'est passé également entre Mayotte et Nossi-Bé, entre le Congo et le Gabon et dans tous les groupements de colonies.

Ancien groupe de Mayotte et dépendances.

Mayotte est une agglomération d'îles et d'îlots de l'archipel des Comores, au milieu du canal de Mozambique. Son ancienne dépendance, Nossi-Bé (en malgache « Ile grande ») fait partie d'un autre archipel comprenant Nossi-Comba, Nossi-Faly, Nossi-Mitsiou, Nossi-Lava, Sakatia, etc., et est située au nord du même canal de Mozambique, sur la côte ouest de Madagascar.

Grâce à son voisinage de la Grande-Terre, à la densité de sa population, à l'excellence de ses rades d'Hellville et d'Amba-Nourou, à sa fertilité, à la salubrité relative de son climat; grâce surtout à son commerce maritime vraiment extraordinaire qui lui amène chaque année, à l'époque de la mousson du sud-est, la plupart des caboteurs qui fréquentent Bombay, Mascate et Zanzibar, l'île de Nossi-Bé possède les plus grands éléments de prospérité. Elle aurait été l'une de nos colonies les plus heureuses, si on lui avait laissé son autonomie et la libre disposition de ses ressources. Mais, par une constante aberration de notre administration coloniale, ce charmant petit pays s'est toujours trouvé, pour son malheur, sous la dépendance d'un autre.

Acquis en 1841 et occupé en 1843, on le voit, dès l'année suivante, rattaché à la colonie de Mayotte et dépendances. Il n'y avait qu'un seul budget local pour les deux îles : aux recettes, c'était Nossi-Bé qui apportait la quote-part la plus forte ; mais quand on passait aux dépenses, on constatait que la très grande majorité des crédits était employée à Mayotte. Nossi-Bé avait donc, en quelque sorte, pour rôle de remplir la caisse que Mayotte se chargeait de vider. Et cette situation dura jusqu'en 1878, plus d'un tiers de siècle !

Dans l'une et l'autre îles florissait alors l'industrie sucrière, exigeant non seulement des usines, mais aussi des routes et des ponts pour le transport des cannes à sucre des champs d'abatage jusqu'aux usines, et pour le transport des sucres et des rhums de l'usine jusqu'au port d'embarquement. Ces ponts et ces routes, parfaitement entretenus à Mayotte, étaient toujours, à Nossi-Bé, dans le plus lamentable abandon. Voilà les avantages du rattachement.

Un fait, entre cent autres, montrera combien les intérêts de Nossi-Bé étaient alors sacrifiés. Chaque année, cette dépendance de Mayotte avait vainement réclamé l'inscription au budget local d'un modeste crédit pour l'établissement d'une conduite d'eau capable d'alimenter en eau potable sa petite capitale

Hellville. Les sources à capter n'étaient qu'à trois ou quatre kilomètres ; aucun travail d'art n'était nécessaire ; il n'y avait que des tuyaux à acheter et à poser ; et la dépense, d'après les devis, se chiffrait à une vingtaine de mille francs. Le conseil d'administration de Mayotte ayant toujours refusé le crédit, cette conduite d'eau, œuvre urgente d'hygiène publique et qui a transformé Hellville de fond en comble, les Nossibéens n'ont pu l'avoir que le jour où, affranchis du joug de Mayotte, ils ont eu enfin la libre disposition de leurs recettes budgétaires.

Ce jour, malheureusement, a été sans lendemain. A peine affranchie de la tutelle de Mayotte, l'île de Nossi-Bé, toujours poursuivie par un sort cruel, s'est vue rattachée à Diégo-Suarez. Voici comment s'exprime à cet égard le décret du 4 mai 1888 : « *Art.* 1er. — L'île de Nossi-Bé, avec ses dépendances, et le territoire de Diégo-Suarez formeront désormais un seul gouvernement, dont le siège est fixé à Diégo-Suarez. »

Dans la nouvelle association, c'est, naturellement, Diégo-Suarez, siège du gouvernement, qui a tenu le rôle du lion. Depuis l'annexion de Madagascar à la France, la situation de Nossi-Bé est encore devenue pire, car la pauvre île n'est plus traitée qu'en quantité négligeable, comme un infime satellite gravitant dans l'orbite de la Grande-Terre. Ses recettes, versées au budget de Madagascar, sont moins que jamais employées à son profit ; son service des travaux publics n'existe pour ainsi dire plus, ses usines à sucre se sont fermées les unes après les autres, et les colons qui veulent encore cultiver la terre ne trouvent plus de bras. Quelle décadence ! quelle ruine, quand on compare le présent avec la courte période où l'île a joui de son autonomie ! A ce moment, la culture de la canne à sucre et de la vanille était particulièrement florissante, le commerce battait son plein : outre le grand nombre de négociants indiens de Bombay établis à Nossi-Bé, on y comptait quatre grandes maisons de commerce, deux françaises, une allemande et une américaine. En 1883, le total des importations et des exportations avait été de 7.805.986 francs, dont un peu plus de la moitié sous pavillon français. « Encore faut-il », ajoute le document de 1885 auquel ces détails sont empruntés, « encore faut-il reconnaître que les opérations commerciales étaient à ce moment fort ralenties par le blocus des points occupés par les Hovas. »

M. le gouverneur général Augagneur a pu se rendre compte de la situation lors de sa récente visite à Nossi-Bé, où les habitants n'ont pas manqué de lui exposer leurs

doléances et de lui montrer leurs misères.
Mais il est douteux qu'il ait reconnu, il
est douteux surtout qu'il convienne que
tout le mal soit venu du rattachement,
puisque à ce moment-là même il rêvait à
d'autres annexions, et que depuis il s'est
efforcé plus que jamais d'obtenir qu'on
ajoute à son gouvernement général les
colonies de la Réunion et des Comores. Et
il comptait si bien pouvoir disposer bientôt
de la Grande Comore, qu'il promettait aux
colons de Nossi-Bé de leur fournir de la
main-d'œuvre comorienne. C'est ce que
nous apprend l'extrait suivant d'une lettre
écrite le 30 août 1907 par un colon de
Mayotte : « ... On parle plus que jamais du
rattachement des Comores à Madagascar.
M. Augagneur, à Nossi-Bé, dans un discours
aux colons, leur a même promis la peau
de l'ours... comorien, sous forme de main-
d'œuvre. Je vois que les intéressés ne seront
pas consultés dans l'affaire. Il serait bon
qu'on nous entende au moins. »

Espérons, pour le plus grand bien de
ces îles dont l'indépendance est menacée,
qu'elles ne subiront pas le triste sort de
Nossi-Bé et qu'elles ne seront pas absorbées
par Madagascar.

Groupe du Congo-Gabon.

La première réunion administrative du Gabon et du Congo français date du décret du 30 avril 1891, sous le régime duquel Libreville, capitale du Gabon, resta le siège du gouvernement ; mais, douze ans plus tard, le décret du 23 décembre 1903, qui réorganisa le Congo français, fixa à Brazzaville, au Moyen-Congo, la résidence du commissaire général. Il est facile dès lors de deviner que, durant la première période, la part du lion dans cette association était pour le Gabon, mais qu'à partir de 1904, au contraire, c'est le Gabon qui a été sacrifié au Moyen-Congo.

En effet, tous ceux qui voient aujourd'hui Libreville, après l'avoir connue pendant la période antérieure, sont frappés du changement survenu et du recul extraordinaire que cette ville vient de subir en si peu de temps. Elle a été démunie de tout au profit de Brazzaville ; elle n'a presque plus d'outillage, on lui a enlevé ses machines, les presses et les caractères de son imprimerie et même le mobilier de ses édifices. Son dénuement et sa détresse font peine à voir. Là où régnaient autrefois la plus vivante activité et la confiance dans l'avenir, on ne constate aujourd'hui que ruines, marasme et découragement.

En ce qui concerne le commerce, par exemple, Libreville ne comptait pas moins de 28 négociants avant 1903 ; aujourd'hui, il n'en reste plus que 7, dont 3 Français, 2 Anglais et 2 Allemands. Ainsi 21 maisons ont dû fermer, dont 18 maisons françaises. Dans les autres régions du pays, dans le Muny, le Como, l'Ogooué, le Fernan-Vaz, la proportion des maisons de commerce disparues serait encore plus forte. Tous les habitants se plaignent, et tous sont unanimes à déclarer que le mal vient de ce que le Gabon est aujourd'hui subordonné au Congo.

En vain le décret de décembre 1903 avait-il octroyé au Gabon son autonomie administrative et financière. Cette prétendue autonomie n'était qu'un leurre, puisque, sous prétexte que le Gabon était placé sous sa haute direction, le commissaire général se croyait en droit de s'ingérer dans tous les détails de son administration et de dicter tous les actes du lieutenant-gouverneur. N'a-t-il point, par exemple, dicté ses ordres, lors de l'établissement du budget local du Gabon pour 1905, en prescrivant de majorer les recettes et de réduire les dépenses de travaux, de manière à réaliser les 250.000 francs qu'il jugeait nécessaires à l'étude d'un chemin de fer ? Il faut noter en passant que le chemin de fer projeté devait profiter autant et même plus au Moyen-Congo qu'à la colonie du Gabon; mais c'est le Gabon seul, comme on le voit, qui doit supporter les frais d'études! Voilà les résultats du rattachement.

Mais là où l'association était particulièrement léonine, c'était dans la répartition des crédits inscrits à la « Section spéciale » du budget du Moyen-Congo, section afférente aux recettes et aux dépenses communes à l'ensemble des possessions du Congo français et dépendances, savoir : Gabon, Moyen-Congo, et Oubangui-Chari-Tchad. Là, en effet, l'arbitraire pouvait se donner libre carrière sans rencontrer de résistance, puisque le budget du Moyen-Congo et, par suite, sa section spéciale étaient administrés uniquement et directement par le commissaire général.

Exemple : soit un crédit de 95.000 francs qu'on y voit inscrit pour achat de trois chaloupes garde-côtes. Comment les répartira-t-on, ces trois chaloupes ? Toutes les trois seront pour Brazzaville, et le Gabon restera désarmé dans sa lutte contre les contrebandiers qui infestent ses côtes.

Autre exemple : un crédit de 166.759 francs est prévu au titre « Hôpitaux et lazarets ».

En voici la répartition : 6.000 francs pour le Gabon, et 160.759 francs pour Brazzaville !

Le reste est à l'avenant. Il est vrai que la plupart de ces dépenses, bien que les crédits fussent disponibles, n'ont jamais existé que sur le papier. Car le bluff colonial n'a pas été cultivé qu'à Madagascar, il a fleuri aussi au Congo. Il y consistait notamment à verser beaucoup d'argent à la caisse de réserve en clôture d'exercice, afin de faire croire à une excellente situation budgétaire permettant de gager un gros emprunt. Mais le procédé était trop cousu de fil blanc, si l'on peut s'exprimer ainsi, et à Paris on ne s'y est pas laissé prendre. On s'est vite aperçu, en rapprochant les comptes des budgets, que les fonds ainsi versés à la réserve ne provenaient pas d'excédents de recettes, mais bel et bien d'économies réalisées sur les dépenses prévues au budget. Beaucoup de ces dépenses étaient cependant urgentes et de première nécessité : logement des fonctionnaires et agents, installation matérielle des services, entretien des bâtiments, achats de matières pour les travaux publics, balisage de la baie du Gabon, etc.

Il n'y avait que sur les crédits prévus pour le personnel qu'on ne pouvait pratiquer ce genre de bluff. Il n'est guère facile, en effet, de ne pas payer la solde. Et c'est ainsi qu'on a pu dire avec raison que le budget local du Congo français était réduit à n'être plus qu'un budget de dépenses de personnel.

On crut remédier à cet état de choses en modifiant à nouveau l'organisation administrative du Congo (décret du 15 février 1906). On avait compris que, dans un groupement de colonies, le haut fonctionnaire, sous l'autorité duquel sont placées les diverses unités du groupe, ne pouvait pas, en bonne conscience, être chargé de l'administration directe d'une de ces unités. A l'instar du système appliqué en Indo-Chine et en Afrique-Occidentale française, on organisa au Congo trois colonies placées sous l'autorité immédiate d'un lieutenant-gouverneur, savoir : Gabon, Moyen-Congo et Oubangui-Chari-Tchad ; et le commissaire général n'eut plus que la haute direction de l'ensemble de ces possessions. Mais on lui créait un budget général et on fixait sa résidence à Brazzaville, de sorte que la nouvelle réorganisation n'a remédié à rien du tout. Elle est d'ailleurs déjà jugée et condamnée.

Les moyens de communication de Libreville avec Paris sont plus faciles, plus rapides et plus nombreux qu'avec Brazzaville, située à 2.000 kilomètres dans l'intérieur du continent. Pourquoi alors cette centralisation à

Brazzaville, qui retarde tant l'expédition des affaires ?

D'autre part, il n'y a pas d'intérêts communs entre le Gabon et le Congo ; au contraire, tous leurs intérêts paraissent être en opposition.

Il n'y a pas non plus ici le motif invoqué en Indo-Chine de l'utilité d'une union douanière : les deux pays ont un régime douanier différent. Au Gabon, on applique le tarif général métropolitain ; au Congo, c'est le régime du bassin coventionnel.

Les populations sont tout autres dans les deux pays, les langues qu'on y parle sont différentes, les coutumes diffèrent également.

Le mode d'administrer les indigènes n'est plus du tout le même dans les deux pays : là-haut on utilise les chefs, on se sert de leur intermédiaire pour agir sur les populations ; au Gabon, il n'y a, pour ainsi dire, pas de chefs ; ceux des Pongouès, Boulous, Oroungous, N'Komis, Galoas, Akélés, Issogos, Echiras, n'ont qu'une autorité nominale et sont sans influence dans les villages. Quant aux Pahouins, ils ne reconnaissent aucune autorité chez eux, et dans leur langue même les mots de *chef* et de *roi* n'existent pas.

En résumé, pour rendre à la colonie du Gabon sa prospérité perdue, il faut lui rendre sa liberté, c'est-à-dire prononcer sa séparation complète d'avec le Congo.

Groupe des établissements français de l'Inde.

Les établissements français de l'Inde, tels qu'ils ont été réduits par les traités de 1814 et de 1815, se composent aujourd'hui de fractions de territoire, très isolées les unes des autres, savoir :

Sur la côte de Coromandel : Pondichéry et Karikal ;

Sur la côte d'Orixa : Yanaon et la loge de Mazulipatam ;

Au Bengale : Chandernagor et les loges de Cassimbazar, Jougdia, Dacca, Patna et Balassore ;

Sur la côte de Malabar : Mahé et la loge de Calicut.

Ces établissements n'ont pour ainsi dire point d'intérêts communs ; leurs races et leurs langues sont différentes. A Pondichéry et à Karikal, on parle le tamoul ; à Yanaon, le télinga ; à Chandernagor, le bengali ; et à Mahé, le maléolum.

On les a réunis cependant en une seule colonie avec un budget commun de recettes et de dépenses. Ce budget, préparé par le secrétaire général et le gouverneur, qui résident à Pondichéry, est voté par un conseil général qui siège aussi à Pondichéry et qui est composé de 28 membres, dont 12, c'est-à-dire presque la moitié, sont nommés par Pondichéry. Il n'est dès lors pas besoin d'être sorcier pour deviner que dans cette association des cinq établissements, c'est toujours Pondichéry qui se taille la part du lion.

Il en résulte que l'établissement chef-lieu est le seul des cinq à être prospère. Les quatre autres ne cessent de se plaindre de leur état d'abandon et de ruine. Faut-il, par un exemple, montrer comment les intérêts des dépendances sont mal sauvegardés par une administration lointaine et, par suite, ignorante de leurs besoins ? Cet exemple, empruntons-le à l'étude que M. de Lanessan a publiée sur l'*Expansion coloniale de la France*. Il s'agit de la ville de Chandernagor.

« Située à 7 lieues seulement de Calcutta, elle est rattachée à cette ville par la ligne ferrée de Calcutta à Patna ; mais cette dernière passe à plusieurs kilomètres de Chandernagor, par suite d'une fausse manœuvre de l'administration française (celle qui, de Pondichéry, prétend régler les affaires de Chandernagor).

» Il y a quelques années, une occasion inespérée se présenta de tirer parti des avantages que présente Chandernagor par sa belle position, ses côtes pittoresques et son climat relativement salubre. On traçait alors le chemin de fer de Calcutta à Delhi. Une compagnie anglaise se forma à Calcutta pour faire de notre colonie comme la ville de plaisance de la capitale indienne. On devait y construire des villas, un théâtre, un casino, en un mot y attirer les Européens; comme compensation, on demandait au gouvernement français la concession des terrains nécessaires à la gare et à la voie. Il fallait accepter les yeux fermés, mais l'administration suscita mille difficultés et éleva des prétentions exagérées. La compagnie fit alors passer sa ligne en dehors de notre territoire, qu'elle semble même éviter soigneusement; car il faut aller chercher la gare à plusieurs kilomètres de la ville. La conséquence de ces faits est que Chandernagor est devenue une véritable nécropole. »

Voilà ce que Chandernagor a gagné à être rattachée à Pondichéry : elle est devenue une nécropole ! Quant aux autres dépendances, le rattachement ne leur a pas mieux réussi. Il faut donc trouver autre chose.

Que l'on maintienne, si la chose est nécessaire au point de vue politique, les cinq établissements sous la haute direction politique du gouverneur résidant à Pondichéry; mais que chacun d'eux jouisse de son autonomie administrative et financière. Que l'on procède ici comme pour l'Indo-Chine, où chaque établissement de l'Union indo-chinoise a son administration propre et son budget spécial, et où le budget général ne comprend que des dépenses d'intérêt commun.

Mais, dira-t-on sans doute, c'est folie de doter d'une administration propre et d'un budget autonome des établissements d'étendue aussi restreinte et de si peu d'importance. — Leur territoire est restreint, cela est certain; quant à leur importance, on ne paraît pas s'en douter en France, pas même au ministère des colonies. Oui, combien sommes-nous, par exemple, à savoir que la population de Chandernagor est supérieure en nombre à celle de la Guyane française; que celle de Karikal lui est trois fois supérieure, et que Pondichéry compte autant d'habitants que la Martinique ou que la Réunion ?

Nous possédons, dans nos établissements de l'Inde, de véritables joyaux dont nous n'avons encore su tirer aucun parti. La métropole semble s'en désintéresser et les traite en quantités négligeables. Nos hauts fonctionnaires les plus marquants les dédaignent et se considéreraient comme amoindris s'ils échangeaient l'un de leurs gouvernements d'Afrique ou d'Amérique contre celui de l'Inde française. Ils estiment sans doute

que leurs capacités y seraient trop à l'étroit
et n'y trouveraient pas à s'employer.

Quelle erreur! Il n'est peut-être pas de
colonie plus intéressante et où il y ait plus de
besogne utile à faire. Chaque jour et pour
ainsi dire à toute heure, l'on peut avoir là-bas
un progrès à réaliser et une impulsion plus
vive à imprimer à l'activité industrielle,
agricole et commerciale, en vue de parer au
mal dont souffre fatalement **la** vie économique dans ces pays où la main-d'œuvre
surabondante est si souvent exposée au
chômage. C'est là alors que devraient se
révéler la sagacité ingénieuse et la prévoyance
de ceux qui ont la charge d'administrer ces
colonies. Et, s'ils savent s'y prendre, quelle
féconde utilisation ils pourraient faire des
aptitudes si remarquables et si variées des
ouvriers indiens!

Nous n'avons pas de colonies — la Cochinchine peut-être et le Tonkin exceptés — où
l'industrie soit plus développée et surtout plus
variée que dans nos établissements de l'Inde.
Tout le monde connaît, par exemple, les
fameuses toiles bleues dites *guinées*, dont le
commerce est si considérable en Afrique, où
elles constituent en quelque sorte la monnaie
courante d'échange et le type de la marchan-
dise de troc : ces cotonnades sont de fabrication et de teinture pondichériennes, et, pour

les produire, quatre grandes usines à filer et à tisser sont en pleine activité et occupent sept mille ouvriers des deux sexes.

L'industrie florissante de la tannerie occupe aussi de nombreux ouvriers préparant principalement les peaux de chèvres et de moutons.

La fabrication des huiles est répandue partout : huiles de coco, de sésame, d'arachides, de ricin, d'iloupé, de pinné, de margousier, etc. Les moulins, généralement mus par des bœufs, sont, malheureusement, encore trop primitifs.

A Chandernagor fleurit l'industrie très importante de la fabrication des sacs de jute destinés à l'emballage. Trois mille ouvriers des deux sexes y sont employés.

Le joli petit établissement de Mahé, sur la côte de Malabar, se distingue par l'industrie de la fabrication du poisson sec et aussi des conserves de sardines à l'huile. Les excédents de pêche — et Dieu sait s'il y en a ! — sont séchés au soleil et vendus comme engrais aux planteurs de café dont ils sont très recherchés.

Dans ce bouquet de verdure qu'est notre territoire de Mahé, le cocotier joue aussi un rôle prépondérant : indépendamment de l'huile, on en retire le coprah, le calou, le jagre, l'arack et le crin végétal employé à la corderie et à la sparterie.

D'autres industries secondaires, mais non moins intéressantes ni moins lucratives, pourraient facilement être, non pas créées, puisqu'elles existent déjà, mais amplement développées dans nos établissements français de l'Inde; et il suffirait pour cela d'utiliser les merveilleuses aptitudes et de stimuler l'activité des ouvrières dentelières, et des natifs bijoutiers, ouvriers en cuivre, vanniers, tailleurs, chemisiers, ébénistes, sculpteurs sur bois, etc. Chez ces derniers surtout, quelle habileté! Il n'est pas un voyageur au Coromandel qui n'ait admiré les meubles en bois de bite fabriqués et sculptés à Pondichéry. Etant donnée la faculté remarquable d'imitation qu'ont ces artistes indiens — et ici le mot « artistes » n'est pas trop fort — rien ne serait plus aisé, si on leur fournissait diverses essences de bois et si on leur mettait sous les yeux de beaux modèles de meubles, des modèles choisis, par exemple, dans nos collections du musée do Cluny, quo do leur faire fabriquer des mobiliers artistiques, merveilleusement fouillés et dont le prix de revient serait extraordinaire de bon marché, tant la main-d'œuvre est peu coûteuse et tant la vie matérielle est à bas prix dans ces pays ensoleillés.

Groupe de la Guyane libre et de la Pénitentiaire.

Ce n'est point sortir du cadre de cette étude sur les fâcheux effets produits par les groupements de colonies que de parler ici du rattachement du territoire pénitentiaire du Maroni au gouvernement de la Guyane. Ce territoire, situé sur la rive droite du fleuve Maroni, à plusieurs journées de marche de Cayenne, ne végète, en effet, et ne reste improductif que parce qu'il est enserré dans les liens de la Guyane et qu'il est sous la dépendance de Cayenne.

Si l'on fait le compte de tous les millions que depuis un demi-siècle l'Etat a dépensés à la Guyane pour la colonisation pénale, on est vraiment stupéfait de la médiocrité, pour ne pas dire de la nullité des résultats obtenus. Comment expliquer qu'avec des ressources aussi considérables en argent et en main-d'œuvre, l'administration pénitentiaire ne soit encore, après cinquante ans, parvenue à rien créer, à rien produire dans ce pays ?

Il ne faut pas chercher la cause de cet insuccès ailleurs que dans le rattachement. Il ne se fût pas produit si, dès 1854, on avait créé une colonie pénitentiaire spéciale, où l'on eût concentré tous les transportés avec les fonctionnaires et agents chargés de les administrer; si, en d'autres termes, on avait, dès le début, séparé de la Guyane libre un établissement exclusivement pénitentiaire, qui aurait été circonscrit, par exemple, entre le fleuve de Mana, la mer, le fleuve Maroni et le mont Tumuc-Humac. Organisée et installée dans ces conditions, la transportation, avec ses ressources budgétaires et ses milliers de bras, aurait fatalement donné des résultats: qu'elle l'eût voulu ou non, l'administration pénitentiaire aurait été obligée d'utiliser sur place les forces immenses qu'elle avait entre les mains. Elle eût créé des centres agricoles, elle eût créé des routes, elle eût créé des industries, elle eût créé assez de produits pour subvenir à tous ses besoins.

Malheureusement, au lieu d'installer ainsi la transportation dans un pays neuf, on s'est avisé de l'annexer à la vieille colonie de la Guyane, où elle n'a trouvé dans la population libre et dans l'administration locale qu'une hostilité constante et des entraves de toutes sortes apportées à ses tentatives de production et de développement.

L'exemple de l'Angleterre est toujours utile à citer en matière de colonisation. Les mille convicts et les quelques soldats qui ont occupé en 1788 la Nouvelle-Galles du Sud ne seraient, eux aussi, arrivés à aucun résultat si, dès le début, ils avaient eu, en face d'eux, l'hostilité d'une population libre déjà en possession du pays. Mais, s'installant sur un territoire neuf, la colonie pénitentiaire britannique n'a pas tardé à devenir le noyau d'un empire immense par l'étendue et la richesse, peuplé aujourd'hui de citoyens organisés en sociétés régulières et doté de toutes les institutions de la mère-patrie.

Séparer absolument l'administration pénitentiaire du gouvernement de la Guyane, créer la colonie autonome du Maroni en y concentrant tous les condamnés, transportés et relégués, ainsi que les libérés, tel est le remède, le seul remède à la situation déplorable qui existe actuellement. Ce détachement donnerait d'ailleurs satisfaction à tout le monde, et tout d'abord à la représentation coloniale et aux Conseils élus de la colonie, qui ont maintes fois protesté contre le contact de la transportation et la lèpre du bagne qu'on leur a imposés.

Mais c'est surtout aux intérêts de l'État que la mesure sera profitable, en raison des réductions très notables de dépenses qu'elle devra forcément entraîner. Tout d'abord, le personnel administratif pourra être sensiblement diminué : avec la concentration au Maroni, le commandant de Kourou, l'officier d'administration, le médecin ainsi que les agents

des magasins de ce pénitencier, comme ceux
de Cayenne, n'auront plus leur raison d'être.
Quant au matériel et aux vivres, ils seront
ipso facto affranchis des 300.000 francs de
droits d'entrée dont ils sont aujourd'hui grevés au profit du budget local de la Guyane.
Puis, quelle économie ne réaliserait-on pas
sur les frais de transport, si l'on n'avait plus
à subir le transit coûteux de Cayenne?

Le gouverneur de la Guyane, déchargé des
affaires pénitentiaires, aurait plus de temps
pour s'occuper de la mise en valeur de sa
colonie. Celle-ci, depuis l'abolition de l'escla-
vage, n'a plus aucune agriculture. Ainsi que
l'écrivait l'éminent criminaliste, M. Léveillé,
à son retour d'une mission à la Guyane, « dans
cette colonie l'homme ne remue plus la terre, il
ne fouille plus le sol que pour y chercher de
l'or. C'est, à la lettre, l'unique agriculture et
l'unique industrie du pays. La Guyane n'est
plus qu'un placer ».

Et cependant aucun gouverneur n'a encore
été voir de ses yeux comment l'or s'exploitait
dans l'intérieur ! Oui, l'on croit rêver lors-
qu'on apprend que cette Guyane que nous
occupons depuis 1604, c'est-à-dire depuis déjà
trois siècles, est encore moins explorée et
moins connue que nos plus récentes possessions africaines. Croirait-on que dans cette
colonie, qui ne vit que grâce à sa production

aurifère, aucun gouverneur ni aucun directeur de l'intérieur ou secrétaire général n'ont encore pu, faute de routes et de moyens de communications, aller visiter les placers et se rendre compte par eux-mêmes de l'exploitation de l'or? Est-ce que de pareilles constatations seraient possibles si la Guyane, qui est grande comme le quart de la France, au lieu d'être confiée à une seule administration, avait été partagée en plusieurs circonscriptions ? N'est-il pas certain que chacune de ces administrations, réalisant alors une occupation plus effective, aurait depuis longtemps rivalisé de zèle et lutté d'émulation pour mettre le pays en valeur ?

Si l'on veut que nos colonies rapportent et qu'elles soient promptement florissantes, il faut les morceler et il faut doter chaque tronçon d'un budget local distinct et d'une vie administrative complète et autonome. Mais hélas ! c'est tout le contraire que nous faisons : nous créons des gouvernements généraux !

Gouvernements généraux actuels.

Le premier en date des gouvernements généraux est celui de l'Indo-Chine française, créé par le décret du 27 octobre 1887. En vertu de cet acte, la colonie de la Cochinchine et les protectorats du Cambodge, de l'Annam, du Tonkin et du Laos ont été groupés sous l'autorité d'un gouverneur général résidant officiellement à Saïgon et ayant sous ses ordres le lieutenant-gouverneur de la Cochinchine et les résidents supérieurs du Cambodge, de l'Annam, du Tonkin et du Laos (1).

C'est peut-être, de tous nos groupements coloniaux, celui qui se justifie le plus, et pourtant son organisation n'échappe pas à la critique. Voici, par exemple, ce qu'en pense un homme politique qui a beaucoup étudié les choses coloniales et qu'on ne peut considérer, tant s'en faut, comme un adversaire des gouvernements généraux. Il s'agit de M. le sénateur Saint-Germain, plusieurs fois rapporteur, au nom de la commission sénatoriale des finances, du budget des colonies. Dans son rapport sur ledit budget, exercice 1904, il écrit :

« Déjà les mégalomanes et les optimistes appellent l'Indo-Chine notre empire asiatique ; il serait plus juste de la considérer comme une fédération depuis les réformes

---

(1) Aux termes du décret du 5 janvier 1900, le territoire de Quang-Tchéou-Ouan, nouvellement cédé à la France par la Chine, a été rattaché administrativement au gouvernement général de l'Indo-Chine.

introduites par l'honorable M. Doumer. *Elle jouit, en effet, de l'unité politique, administrative et financière, bien que le Tonkin, l'Annam, le Cambodge, le Laos, la Cochinchine soient des pays absolument différents et ayant, pour vivre, besoin d'un régime approprié à leurs tendances diverses.*

» *La population de l'Indo-Chine, que l'on peut évaluer de 16 à 20 millions d'habitants, est des plus bigarrées. Elle est formée par la juxtaposition et le mélange des races originaires des pays les plus divers. Il en est venu de Chine, de Malaisie, de l'Inde, et la différence entre les Chinois et les peuples sauvages thaïs est peut-être plus grande qu'entre les Européens et les Annamites.* »

Et de cet exposé très exact M. le sénateur Saint-Germain tire cette conclusion inattendue : « S'il fallait à chacun de ces pays un régime économique et politique spécial, il leur fallait aussi, comme liaison, un gouvernement général pourvu de grands organes coordonnateurs . »

Non, cette liaison n'était pas nécessaire ; elle n'est et ne sera qu'une entrave aux progrès qu'aurait pu réaliser chaque colonie laissée indépendante. Ce gouvernement général, « pourvu de ses grands organes, » n'est qu'un rouage de plus à la machine administrative, rouage coûteux, encombrant, non seulement inutile, mais encore néfaste, qui complique tout en pure perte et qui gêne l'essor des pays ainsi rattachés dont les administrateurs directs, subordonnés au gouverneur général, finissent par perdre tout esprit d'initiative. Comment ne comprend-on pas que ceux-ci, *qui sont sur place*, savent mieux que le gouverneur général, *qui est loin*, ce qui convient ou ce qui ne convient pas à leurs colonies ? Et puis, comme le dit si justement M. Francis Mury, un des publicistes le mieux renseignés sur les choses coloniales, « il faut que chaque pays puisse travailler pour lui-même et qu'il ne voie pas ses ressources aller à d'autres pays qui bénéficient ainsi de ses efforts et de son labeur. C'est ce qui se passe en Indo-Chine, où les excédents de recettes de la Cochinchine et du Cambodge vont aux autres régions de l'Union indo-chinoise, au lieu de profiter à celles dont l'activité a permis d'obtenir ces excédents ».

Les Anglais ne cherchent pas comme nous à grouper des pays dissemblables, et ils ont mille fois raison. La Birmanie est restée isolée de l'Inde ; dans l'Afrique du Sud, chaque pays a conservé son autonomie, son parlement ; Terre-Neuve n'a pas était réunie au Canada ; et les Antilles anglaises ne forment pas un seul gouvernement. Enfin, en Océanie, les Anglais ont fait mieux encore : non seulement ils n'ont pas rattaché à l'Australie la Tasmanie et la Nouvelle-Zélande, mais encore ils ont créé, en Australie même, cinq colonies distinctes, absolument autonomes : Nouvelle-Galles du Sud, Victoria, Queensland, South-Australia et Western-Australia. Il faut même remarquer que deux de ces colonies, Victoria et Queensland, étaient autrefois de simples provinces de la Nouvelle-Galles du Sud, et qu'elles en furent détachées, sur leur demande, la première en 1851, et la seconde en 1859. « *C'est surtout à partir de ce moment que ces pays ont fait de rapides progrès,* » ajoute leur historien, M. Avalle, à qui ces renseignements sont empruntés.

Quoi qu'il en soit, c'est dans le groupement indo-chinois que l'action du gouverneur général a été la moins néfaste; c'est là seulement que ce haut fonctionnaire a su se maintenir dans les limites de son rôle, qui doit consister à diriger de haut sans s'immiscer dans les détails de l'administration de chacune des colonies groupées.

Il n'en a malheureusement pas été de même en Afrique-Occidentale française ni au Congo, où il semble que le haut fonctionnaire placé à la tête du groupe n'ait eu souvent que la préoccupation de faire sentir son autorité, d'annihiler ses collaborateurs subordonnés et d'étouffer chez eux toute initiative.

C'est aussi dans le groupement indo-chinois que l'on constate que l'association n'a pas toujours été léonine au moment de la répartition des fonds d'emprunt. Qu'on se reporte, par exemple, au programme des travaux arrêté en 1898 et dont l'exécution devait être assurée par l'emprunt de 200 millions. On verra que la Cochinchine, bien que centre du gouvernement général, ne s'est pas taillé la part du lion. C'est le Tonkin, cette fois, qui a bénéficié des plus gros crédits pour ses chemins de fer à construire de Haïphong à Hanoï, d'Hanoï à Viétri et à Laokay et d'Hanoï à Nam-Dinh et à Vinh, soit plus de 700 kilomètres de voie ferrée pour le Tonkin, ce qui représentait bien près de 90 millions de francs.

L'Annam, de son côté, aura eu plus de 20 millons de francs pour les 175 kilomètres de sa ligne de Tourane à Hué et à Quang-Tu.

Mais telle est la conception qu'on a pris l'habitude de se faire de ces sortes d'association, que la Cochinchine s'est prétendue lésée, parce qu'elle n'avait pas eu la plus grosse part. Elle n'était pourtant pas absolument sacrifiée, puisque, dans l'emploi des fonds de l'emprunt, il était prévu pour elle la construction de 132 kilomètres de voie ferrée (ligne de Saïgon à Taulinh), la construction de quais à Saïgon et l'outillage de ce port, la construction d'un pont sur l'arroyo chinois à Saïgon et de plusieurs autres ponts sur les rivières de la Cochinchine, le dragage des rivières, etc.

Si la Cochinchine trouve qu'elle a sujet de se plaindre de la répartition des fonds d'emprunt, que diraient alors les colonies secondaires de l'Afrique-Occidentale française qui, elles, sont manifestement sacrifiées au Sénégal?

Depuis cinq ans que le budget général de l'Afrique-Occidentale française existe, deux emprunts ont déjà été émis : le premier, de 65 millions, en 1903; et le second, de 100 millions, en 1907. Voyons comment y ont été réparties les sommes consacrées aux travaux publics, et quelle part s'y est taillée la colonie du Sénégal.

Sur l'emprunt de 65 millions, le crédit affecté aux travaux publics se chiffrait à 50 millions et demi, sur lesquels le Sénégal a prélevé 5 millions pour l'assainissement de Dakar, 10 millions pour l'aménagement du port de Dakar et 5 millions pour les études du chemin de fer Thiès-Kayes et pour les améliorations du fleuve Sénégal.

Sur l'emprunt de 100 millions, une première tranche de 40 millions a été mise à la disposition du gouvernement général, et voici la part immédiatement attribuée au Sénégal :

Chemin de fer de Thiès à Kayes.   13.200.000
Amélioration de l'alimentation
   en eau de Dakar...........   2.000.000

En outre, cet emprunt de 100 millions comporte, pour l'aménagement des ports et des voies navigables, une somme de 11.050.000 francs, dont 8.050.000 francs, c'est-à-dire 73 p. 100, vont profiter au Sénégal, et le reste, soit 3 millions, à la Côte d'Ivoire. Rien, par conséquent, pour la Guinée, rien pour le Dahomey, qui cependant ont leurs ports de Conakry et de Cotonou à outiller et à aménager, afin de les mettre en mesure de lutter contre la concurrence terrible qui leur est faite par les ports anglais voisins de Sierra-Leone et de Lagos.

Sur les 8.050.000 francs affectés aux ports du Sénégal, Dakar bénéficiera de 4.750.000 fr. Or, le premier emprunt de 65 millions avait déjà fourni 10 millions pour l'amélioration du port de Dakar.

Le reste du crédit se répartit entre les ports de Rufisque et de Saint-Louis, également au Sénégal. Pourquoi réserver tant d'avantages à cette seule colonie, tandis que les autres attendent toujours des améliorations non moins indispensables pour la sécurité du commerce maritime ? L'effort fait à Dakar est utile, c'est certain ; mais pourquoi ces dépenses pour le port de Rufisque, à quelques kilomètres de

Dakar? L'installation de deux grands ports aussi voisins l'un de l'autre était-elle donc si urgente? N'est-ce point un véritable luxe, quand les autres colonies de l'Afrique-Occidentale française restent abandonnées à leurs propres ressources?

Pourquoi aussi ces dépenses pour le port de Saint-Louis? Etait-ce si urgent? D'ailleurs, n'y a-t-il pas double emploi à consacrer des millions à améliorer la navigabilité du fleuve Sénégal quand, en même temps, on entreprend la construction du chemin de fer de Thiès à Kayes? Et notons, à ce propos, que les 13.200.000 francs engagés dans la construction de ce chemin de fer ne sont qu'une simple amorce devant entraîner à bref délai une nouvelle demande d'emprunt.

Pour toutes ces raisons, les colonies sacrifiées de l'Afrique-Occidentale française se plaignent. Qu'on ne dise pas que, à l'article des « Chemins de fer de pénétration », on leur a fait la part belle dans l'emprunt de 100 millions. Elles répondront qui si cet emprunt comporte 30 millions pour l'achèvement jusqu'au Niger du chemin de fer de la Guinée, et 22 millions pour pousser jusqu'à Kong, à 400 kilomètres, le chemin de fer de la Côte d'Ivoire, les deux colonies intéressées ne demandent pas que leurs voies ferrées soient actuellement poussées si loin. La Guinée, dont la ligne atteint aujourd'hui Timbo, cœur de la colonie, déclare que cette ligne suffit amplement et pour longtemps à son développement économique. Pourquoi la pousser aujourd'hui jusqu'à Kouroussa, jusqu'au Niger? Dans quel but? Est-ce pour concurrencer le chemin de fer déjà construit de Kayes à Bamako?...

De même, la ligne de la Côte d'Ivoire doit être poussée jusqu'à cette même région du Niger. Quel avantage commercial espère-t-on tirer de cette voie ferrée? Très utile, excellente même pour drainer à la mer les produits de la Côte d'Ivoire, elle s'effondrera sous des charges excessives quand elle entrera dans des régions encore inexploitables pendant de longues années à cause de la faible densité de la population et de l'insuffisance des produits à importer ou à exporter.

Un exemple peut être cité. Le chemin de fer du Dahomey, très utile dans la première zone, devient inutile et coûteux dans les régions incultes et désertes où l'on s'obstine à poursuivre sa construction. Encore ce chemin de fer a-t-il un but politique et militaire que n'ont pas la voie projetée de Timbo à Kouroussa et le prolongement du chemin de fer de la Côte d'Ivoire.

On dira sans doute que ces grands travaux sont faits pour préparer l'avenir, pour provoquer la mise en valeur de richesses latentes, pour seconder et activer l'effort des populations impuissantes à produire parce qu'elles ne peuvent bénéficier du produit de leur travail, par suite de l'inexistence de moyens de transport.

D'une façon générale, il est indiscutable que l'ouverture de voies de communication favorise le développement économique d'un pays. Mais il faut que ce pays soit apte à se développer économiquement, c'est-à-dire qu'il possède une population assez dense et dispose de terrains cultivables à mettre en valeur pour en tirer des produits rémunérateurs. Or l'Afrique-Occidentale française ne possède qu'un nombre insuffisant d'habitants, vu son immense étendue. Beaucoup de terrains, utilisables dans le voisinage même des voies de pénétration déjà créées, restent inutilisés faute d'habitants. D'autre part, les produits du sol africain sont si pauvres, au point de vue du commerce extérieur, qu'ils ne peuvent pas supporter un long trajet en chemin de fer.

C'est ainsi que parlant du trajet de Saint-Louis à Dakar (265 kilomètres), le rapport de présentation du projet d'emprunt de 100 millions au Conseil de gouvernement s'exprime comme suit (page 72) : « Les produits de ces cultures sont maxima aux environs de Rufisque et de Dakar, qui sont des ports d'embarquement convenables ; et ils diminuent jusqu'à s'annuler aux environs de Saint-Louis, à cause des frais dont ils sont grevés par la longueur du transport en chemin de fer. »

Ces produits ne peuvent donc pas supporter un trajet de 265 kilomètres; comment supporteraient-ils des trajets de plusieurs centaines de kilomètres?

L'ouverture de nouvelles voies ferrées n'est donc pas urgente en Afrique-Occidentale française. Il faut attendre que la densité de la population se soit accrue, qu'on ait amélioré la culture, obtenu des produits plus riches pouvant supporter de longs transports. Sinon les voies ferrées resteront à l'état de routes administratives, et le capital employé à leur construction sera un capital mort au point de vue du développement économique.

La comparaison établie dans le rapport précité entre le réseau des chemins de fer africains et le réseau indo-chinois (page 8) manque de fondement. En Indo-Chine, la population est très dense et très laborieuse; massée aux abords des voies fluviales, elle se voyait à regret forcée de laisser incultes les terres fertiles de l'intérieur, par suite du défaut de moyens de transport. La construction des voies ferrées présentait donc un avantage immédiat. Grâce à elle, la population a pu essaimer, augmenter sa production, étendre ses cultures de riz, de thé, de café, tous produits riches, supportant sans peine les tarifs de transport. Il n'en est pas de même en Afrique, où il n'y a encore qu'une population clairsemée et pas de produits riches à transporter.

Comme on le voit, l'essai du gouvernement général n'a réussi dans aucun de nos groupements coloniaux. Toutes nos colonies, tant en Indo-Chine qu'en Afrique-Occidentale, se plaignent d'un rattachement qu'aucune d'elles n'avait désiré ni demandé, et qui a nécessité un organisme et un fonctionnement coûteux, imposant des charges nouvelles et accablantes, dont l'effet se fera ressentir durant de longues années.

Mais c'est en Afrique surtout que le mécontentement est profond et général. Les colonies de la Guinée, du Soudan, de la Côte d'Ivoire, du Dahomey, subissent avec impatience le rôle de dupes qu'elles jouent dans leur association léonine avec le Sénégal.

Cette dernière colonie elle-même ne se tient pas pour satisfaite. C'est Dakar seul, Dakar, résidence du gouverneur général, qui bénéficie de tous les avantages; or Dakar n'est pas tout le Sénégal. Les impôts augmentent et le commerce diminue. Qu'on demande à ce sujet l'avis des négociants de

Saint-Louis ! Ils répondront que toutes les transactions, autrefois si actives dans les escales du Sénégal avec les tribus maures, ont complètement cessé au cours de ces dernières années, depuis l'occupation de la Mauritanie. Cette nouvelle colonie coûte cher en argent et en hommes ! La centralisation des services à Dakar et le luxueux état-major administratif qu'elle nécessite coûtent très cher également.

Enfin, tout le monde commence à s'effrayer de l'avenir en songeant aux charges nouvelles résultant de l'emprunt. Pendant combien d'années grèveront-elles la situation financière de l'Afrique-Occidentale française !

Beaucoup de bons esprits pensent qu'on est allé trop vite en Afrique-Occidentale française, et qu'on y a été atteint de la folie de la mégalomanie. D'après eux, le premier emprunt de 65 millions devait suffire à la réalisation du programme alors préconisé, et qui avait été jugé suffisant puisqu'on limitait la demande à ce chiffre, sans laisser entrevoir une augmentation immédiate de ce programme. L'emprunt de 100 millions était donc prématuré : les grands travaux qu'il a permis d'entreprendre ne présentaient aucun caractèred'urgence. Loin de favoriser le développement économique de l'Afrique-Occidentale française, ils auront pour effet d'arrêter son essor, puisque la majorité des ressources du pays sera absorbée par le paiement des intérêts et par l'amortissement de la dette contractée. En un mot, l'avenir a été engagé outre mesure, et l'on ne tardera guère à s'en apercevoir.

Ce n'est pas non plus sans inquiétude que l'on constate l'augmentation progressive des dépenses de l'administration centrale de l'Afrique-Occidentale française. C'est ainsi qu'en un an, de 1905 à 1906, elles se sont accrues de 500.000 francs environ. Et ce serait une erreur de croire que cette augmentation des charges de l'administration centrale ait été compensée par une diminution correspondante des charges des administrations locales. Loin de là, les dépenses des services locaux subissent une progression constante, justifiée, il est vrai, le plus souvent, par des besoins réels. Que devient, en présence de pareils faits, l'argument de ceux qui demandent, *afin de réaliser des économies dans les dépenses d'administration*, la création des gouvernements généraux des Antilles et de l'Afrique orientale?

TABLE

Paris et Limoges. — Impr. et libr. milit. H. CHARLES-LAVAUZELLE.

www.ingramcontent.com/pod-product-compliance
Lightning Source LLC
Chambersburg PA
CBHW071402030726
47594CB00002B/815